Umfangen von Liebe

Monika Endres

Umfangen von Liebe

Bibliografische Information der Deutschen Nationalbibliothek.
Die Deutsche Nationalbibliothek verzeichnet diese Publikation in der
Deutschen Nationalbibliografie; detaillierte bibliografische Daten sind
im Internet über http://dnb.d-nb.de abrufbar.

© 2016 Monika Endres
Herstellung und Verlag:
BoD – Books on Demand, Norderstedt
ISBN 9 783741 208584

„Liebe ist Poesie und du bist der Poet."

aus Giacomo Pucchinis Oper „La Bohème"

Liebe ist wie der Gesang der Amsel am Morgen.

VÖGELGLEICH

in deinem herzen
habe ich mich eingenistet

wie der specht
sich eine wohnung schafft

mit viel ausdauer und geduld
und unermüdlichem
nicht aufhören

so habe auch ich
mich eingegraben

in deine herzfurche
die liebe heißt

„Liebe ist wie ein Traum, den ich schon immer träumen wollte."

aus Giacomo Pucchinis Oper „La Bohème"

LIEBESTRANK

mein geliebter

bereite mir einen liebestrank
der mich benommen macht
mich versinken lässt

hinein gewühlt
in gefühlswelten

berauscht
von liebe zu dir

ein rausch
der nie wieder endet

so wie die liebe
zwischen uns

Liebe gibt niemals auf.

TROTZKOPF

ich besitze
ein trotziges wesen

trotze jedem sturm
der dich wegtreiben will
von mir

begebe mich mutig
in aufgewühlte gewässer
und die stürmische see

habe keine angst
dass die fluten
über mir zusammenschlagen

denn deine liebe
rettet mein leben

„Liebe sagt: Mein Herz gehört dir."

aus Giacomo Pucchinis Oper „La Bohème"

WEGBEGLEITERIN

ich will
bei dir bleiben

in guten
wie in
schlechten tagen

mein ganzes
leben lang

Liebe ist wie ein helles Licht.

LICHTGESTALT

meine seele
ist der abglanz
deiner lichtgestalt

wie schön du bist
mein geliebter

nichts dunkles und
nichts schweres
ist in dir verborgen

meine liebe zu dir
ist ungetrübt
wie ein kristall

und strahlend
wie das helle sonnenlicht

Liebe besitzt einen ewigen Glanz.

HIMMELSGLANZ

ich sehne mich danach
die liebe festhalten
zu können

ich sehne mich danach
dass unsere liebe
für die ewigkeit gemacht ist

und auch dann
wenn einmal alles endet
was wir kennen

wird die liebe
bestehen bleiben

denn die liebe
ist für die ewigkeit gemacht

Liebe ist wie ein Blick übers Meer.

PANIKATTACKE

wo bist du
wie kann ich dich wiederfinden

panisch irre ich umher
verzweifelt halte ich ausschau nach dir

der eine augenblick
als ich dich traf
erfüllte bereits alle meine sehnsüchte
habe ich dich verloren
war alles umsonst

mein leben lang habe ich dich gesucht
jetzt da ich dich gefunden habe
darfst du doch nicht einfach
wieder verschwinden

wie kann ich weiterleben ohne dich
jetzt da ich weiß wie es ist mit dir

Liebe ist die Musik des Herzens.

MELODIENSCHMEICHLER

unsere herzen
schlagen im selben takt

bewegen sich
im gleichen rhythmus

stimmen überein
in perfekter harmonie

der ton zwischen uns
ist allezeit wohlklingend

es entstehen vielschichtige
kompositionen des lebens

den dirigenten dazu
nennt man liebe

„Liebe ist wie eine Rose, die in der Vase erblüht."

aus Giacomo Pucchinis Oper „La Bohème"

ERNEUERUNG

liebe ist nicht
abgestanden
langweilig
eintönig

liebe erneuert sich
wenn man sie pfleglich behandelt
sie willkommen heißt
und umschlungen hält

liebe ist wie ein lebendiges wesen
sie trauert
wenn man sie nicht beachtet

und blüht auf
wenn man sich ihr zuwendet

liebe will geliebt werden

„Liebe verlässt dich niemals."

aus Giacomo Pucchinis Oper „La Bohème"

UNVERGÄNGLICH

eins sein
mit dir

unvorstellbar
dass es einmal
anders sein könnte

liebe im zeichen
der unvergänglichkeit

höchster genuss und
absolute erfüllung

Liebe kann nicht alleine sein.

SCHLAFSTÖRUNG

bist du nicht bei mir
dann habe ich sie

niemand ist da
der mich beruhigt

so dass ich
schlaf finden kann

auch ist niemand da
in dessen arm
ich mich bergen kann

und dessen herzschlag
an meinem ohr
mich in den schlaf wiegt

Liebe verleiht Flügel.

UNSCHULDIG

arglos ist die liebe

vertrauensvoll
geht sie dir entgegen

lass sie ein
in dein herz

lass sie macht
haben über dich

sie wird deiner seele
flügel verleihen

Liebe ist wie dein Lieblingsduft.

LEBENSDUFT

der duft der rosen im garten

das fröhliche lachen eines kindes

die pracht des regenbogens
in den wolken

die verschwenderische schönheit
einer einzigen orchidee

alles zusammen
der sinnliche und betörende
duft des lebens

am meisten zu finden
in der einzigartigkeit
unserer liebe

„Liebe ist der Duft von Begehren."

aus Giacomo Pucchinis Oper „La Bohème"

FASSADENKLETTERER

du kommst immer
wenn es nacht ist
geschickt kletterst du zu mir hoch

voll sehnsucht siehst du mich
in meinem bett liegen
unerreichbar bin ich für dich

ich schlafe sanft
von dir träumen werde ich nicht
denn du hast noch
keinen einzug in meine
zurückgezogenheit gehalten

du hast noch nicht entdeckt
wie du mein herz erobern kannst

mein herz steht nur
dem liebenden offen

Liebe ist wie ein offenes Tor in einer Mauer.

MÄRCHENSTUNDE

die prinzessin
eingesperrt im turmzimmer

ausschau haltend
nach dem einen

nach ihrem helden
der zu ihrer rettung naht

er wird kommen
und sie retten
eine geschichte
mit gutem ausgang
ein märchen eben

doch das leben geschieht selten so
die liebe aber des öfteren

denn lieben macht glücklich

Liebe ist Erfüllung.

EISZEITENDE

das ende der eiszeit
ist angebrochen

jeder entschluss
jemanden zu lieben
bricht ein stück vom eis

jeder glückliche moment
lässt den eisblock schneller schmelzen

in den wasserbächen
die entstehen
erfrischen sich menschen
die nicht mehr einsam sind
nicht mehr für sich allein
sondern zu zweit

glücklich und
erfüllt mit liebe

Liebe ist unvergleichlich.

EINZIGARTIG

ich liebe die liebe
die einzigartig ist
für mich

das geheimnis
der liebe

einzigartig für
jeden menschen

immer wieder
einzigartig

Liebe schenkt Nähe.

WOHLGEFÜHL

wohl
fühle ich mich
bei dir

in deiner nähe
schnurre ich
wie ein kätzchen

das sich reckt
und streckt

vor lauter wonne

Liebe durchschaut jede Verkleidung.

KOSTÜMBALL

ich kann mich
verkleiden
wie ich will
so kennst du mich

in der menge
kostümierter menschen
siehst du mich

jede verkleidung
durchschaust du

denn du blickst
auf den grund meines herzens

daran erkennst du mich
mein geliebter

Liebe ist Träumerei.

TRAUMTÄNZERIN

ich träume
mein herz von dir

ich tanze dir entgegen
allem enthoben

ich fühle
mich federleicht

völlig losgelöst
und aller fesseln frei

ich tanze
nach dem rhythmus
meines herzens

den die liebe zu dir
mir vorgibt

Liebe ist Leidenschaft.

HIMMELSSTÜRMER

ich folge
dem wegweiser
der liebe

und gehe
dem siebten himmel
der liebe entgegen

nichts hindert mich
am vorwärtskommen

die liebe zu dir
die mich erfüllt
trägt mich empor

in jene lichten höhen
die jeder sich ersehnt

Liebe ist zeitlos.

UNENDLICHKEIT

ich weiß sicherlich
dass ich dich will

nur dich will ich
eine ewigkeit lang
für alle zeiten

so weit ich
denken kann
will ich dich

bin ich erfüllt
von liebe zu dir allein

in meinem herzen
und in meinem leben

denn ich gehöre dir

Liebe ist wehrlos.

SAMMELLEIDENSCHAFT

du hast
mich
eingesammelt

es war
nicht möglich

mich
dagegen
zu wehren

ich bin dir verfallen
und gehöre dir

deine sammelleidenschaft
ist gestillt

Liebe ist wie ein Kunststück.

LIEBESZAUBERIN

es ist mein liebstes
zauberkunststück
dich zu verführen

wer führt mich
dieses kunststück
zu erlernen

denn das
möchte ich

dich verführen

Liebe ist der Weg zum Glück.

LIEBLINGSSTÜCK

du bist mein
liebstes stück
in meinem leben

wenn du mir
fehlen würdest

wäre mein leben
nicht vollständig

das entscheidende stück
würde fehlen

das stück zum glück
wäre nicht da

das stück liebe

„Liebe sagt: Du bist mein ganzes Leben."

aus Giacomo Pucchinis Oper „La Bohème"

DÄMMERSCHOPPEN

wenn es dunkel wird
verwischen alle farben

wird es leicht
undurchsichtig

doch selbst
wenn es stockfinstere nacht
sein sollte

würden wir uns
ohne schwierigkeiten finden

denn wir
gehören zusammen

Liebe ist arglos.

BRIEFMARKENSAMMLER

du gibst vor

mir deine
briefmarkensammlung
zeigen zu wollen

was ist der grund für dich
nicht ehrlich zu sein

mir nicht zu sagen
was du willst von mir

wenn ich arglos zu dir komme
um deine briefmarkensammlung
zu sehen

sag mir doch einfach
dass du mich liebst

Liebe glänzt wie ein Regenbogen.

REGENBOGENSCHAU

sieh ihn an
den regenbogen
der entstanden ist
wie aus dem nichts

sieh ihn an
wie frisch die farben
erstrahlen im sonnenlicht

so will die liebe sein
sieh sie an
beachte sie
sie will dein herz erfreuen
und in deine seele einziehen
sie will dir die vielfalt
des lebens zeigen

sie will dich glücklich machen

Liebe ist ab und zu unvermeidbar.

REHLEIN

scheu und schüchtern ist sie
wagt sich kaum
aus ihrem versteck heraus

ängstlich streckt sie sich
und wirft einen blick
auf das schier unvermeidbare

hat sie aber vertrauen gefasst
und kommt mutig hervor

macht sie freudensprünge
und freudensprünge
und nochmals freudensprünge

die liebe

Liebe ist manchmal anders.

JENSEITS

jenseits aller vernunft
ist sie

fern jeder logik
geschieht sie

über alle maßen glücklich
macht sie den

der nicht sein ganzes leben
nur vernünftig
und logisch betrachtet

Liebe gibt Ruhe und Sicherheit.

GEDANKENFREIHEIT

genügt mir nicht

denn wohin sollen
meine gedanken gehen

wenn sie frei sind

Liebe ist wie ein verborgener Weg.

HEIMATSUCHENDE

wo kann mein herz
eine heimat finden

immerzu bin ich
getrieben
es bleibt mir
keine zeit
um glücklich zu sein

was vermisse ich
so schmerzlich
was ist es

ich kann es nicht
in worte fassen
aber ich weiß
nur bei dir allein
werde ich es finden

Liebe führt zum Ziel.

GIPFELSTÜRMER

ich habe ihn erreicht
den gipfel des glücks

ich habe mich
von dir finden lassen

ich habe es zugelassen
nicht mehr nur
mir selbst zu gehören
sondern dir

ich habe es zugelassen
dass meine empfindungen
dir bekannt werden

ich habe
mein ziel erreicht

Liebe macht glücklich.

WEGWEISER

den weg finden

den zu gehen
mich wirklich
glücklich macht

den weg zu dir

Liebe ist genügsam.

DU GENÜGST MIR

genug glück
genug nähe
genug zärtlichkeit
genug zweisamkeit
genug verstehen

genug liebe

genug für die ganze welt

Liebe ist wie ein Sonnenaufgang im Gebirge.

JUNGBRUNNEN

jung sein

unabhängig von der anzahl
der lebensjahre

energie schöpfen
aus der nähe zu dir

prickelnd wie champagner
köstlich wie austern
wertvoll wie edelsteine

funkelnd wie die sterne

das leben mit dir

Liebe leuchtet wie ein Stern in der Dunkelheit.

STERNENHIMMEL

du bringst mir
den himmel in mein herz

mit dir springe ich
von stern zu stern

unsere liebe
ist unzählbar
und unbegrenzt

wie die sterne
am himmelszelt

sterne können sterben

aber unsere liebe
wird niemals vergehen

„Liebe ist wie der erste Kuss im Frühling."

aus Giacomo Pucchinis Oper „La Bohème"

BRAUCHTUM

dich
immer und immer
wieder brauchen

nichts schaffen
ohne dich

dich brauchen
und lieben

Liebe sagt: Ich bin dein im Leben.

SEELENBAUMELEI

an welchem ort
kann meine seele ihre lasten abwerfen
an welchem ort
muss sie sich nicht verstellen
an welchem ort
kann sie alles abschütteln

unerfreuliches
das sich angesammelt hat

an welchem ort
kann sie ihre ursprünglichkeit
zurück erlangen
in welchen armen
kann sie sich selbst treu sein

der einzige ort
an dem meine seele sich bergen kann
ist bei dir

Liebe lässt keinen Zweifel zu.

ZWEIFELLOS

bist du
das beste
in meinem
leben

bist du
ehrlich
zu mir

hast du
das größte
potenzial

mich glücklich
zu machen

„Liebe ist wie der süße Duft einer Blüte."

aus Giacomo Pucchinis Oper „La Bohème"

EINS SEIN

mit dir vereint
alles dir hingeben

grenzenlos
zweisam

nicht getrennt
verschmolzen in liebe

eins sein
mit dir

Liebe ist wie ein ewiges Versprechen.

VÖLLIG

mich dir hingeben können
nichts zurückhalten
nichts verbergen müssen

Liebe ist tief wie das Meer.

ABGEHOBEN

deine liebe
erhebt mich
über mich selbst

das wissen
um deine liebe

macht mich frei
macht mich stark
macht mich mutig

macht mich neugierig
auf das leben

„Liebe spricht mit Lilien und Rosen."

aus Giacomo Pucchinis Oper „La Bohème"

SCHÖNHEIT

durch deine liebe bin ich
wie ein schwan auf einem see
still und hoheitsvoll

durch deine liebe bin ich
wie ein ozean
bis zum rand gefüllt
mit zärtlichkeit

durch deine liebe bin ich
wie ein paradiesvogel

schillernde farben des lebens
in meinem gefieder

deine liebe
verleiht mir schönheit

Liebe ist wie eine Entdeckungsreise.

GRENZGÄNGER

meine liebe zu dir
ist grenzenlos

sie erweitert meine grenzen
und gibt meiner seele flügel

sie führt mich in neue gegenden
die ich nie zuvor betrat

sie ist
grenzenlos

Liebe ist Leidenschaft.

HERZENSKIND

halte mich
mein geliebter

gib mir wohnung
in deinem herzen

lass mich nahe
bei dir sein

heile mich
mit deiner herzenswärme

Liebe ist Bewunderung.

VIP

du bist wichtig
für mich

ich weiß nicht

wie wichtig du
für andere bist

für fremde
für nachbarn
für bekannte

für mich bist du
die bedeutendste person

die jemals gelebt hat

Liebe ist wie ein Vogel, der in sein Nest zurückkehrt.

FUNDSACHE

wie weit muss ich gehen
um dich zu finden
wie viele umwege
muss ich auf mich nehmen
wie oft muss ich mich irren
bevor ich zu dir gelange
wie oft muss ich
mich dem falschen ergeben
bevor ich dich kenne

du bist mein leben
meine liebe
meine heimat

du gibst mir
nähe und geborgenheit
ein gefühl von sicherheit
dass mir bei dir
nichts geschehen kann

Liebe ist wie eine Geschichte mit glücklichem Ausgang.

OHNE RISIKO

einander vertrauen
kein risiko eingehen
beständigkeit
verlässlichkeit
und liebe finden

„Liebe sagt: Mein Herz gehört dir."

aus Giacomo Pucchinis Oper „La Bohème"

GLÜCK

erwählt sein
von dir

zu deiner
herzensdame

zuständig sein
für herzensangelegenheiten

liebe eingeschlossen

Liebe ist wie die Erfüllung eines lange gehegten Wunsches.

ZEITMESSER

seit anbeginn
liebt man

seit urzeiten
braucht man
einander

seit aller zeit
war es
für mich
vorgesehen

dich zu lieben

Liebe ist voller Anmut.

ZÄRTLICH

ist die liebe
zart und zerbrechlich
leicht zu zerstören

es ist nicht selbstverständlich
dass sie einem begegnet ist

leise und ruhig sein
dass man sie nicht verschreckt
ihr entgegengehen
und sie willkommen heißen

sollte sie sich wohlfühlen
wird sie viel von ihrem wesen
in dein herz geben

sollte sie heimisch werden
wird sie sehr glücklich machen

„Liebe ist schön wie die Morgenröte."

aus Giacomo Pucchinis Oper „La Bohème"

ERLEUCHTUNG

liebe leuchtet
mein herz aus

hell wird
was bisher im dunkel
verborgen war

nichts bleibt geheim
alles rückt ins licht

damit du
mich erkennen kannst
wie ich bin

eine hilfe für dich
mich zu lieben

„Liebe kann im Herzen lesen."

aus Giacomo Pucchinis Oper „La Bohème"

STATUSSYMBOLE

davon
will ich keine haben

denn sie
helfen mir nicht
zum leben

sie stehen unbeweglich
und nutzlos herum
werden zu staubfängern

was ich jedoch will
ist unbezahlbar

in dein herz
will ich einziehen

Liebe ist süßer als Honig.

HONIGSEIM

wie süß
ist die liebe

wie köstlich
von ihr
zu naschen

das süßeste
und köstlichste
auf dieser welt

ist die liebe

„Liebe gibt dem Liebenden Ruhm und Ehre."

aus Giacomo Pucchinis Oper „La Bohème"

STARDESIGNER

die welt würde dich einstimmig
zu ihrem stardesigner erwählen

wenn sie sehen könnte
was zwischen uns verborgen ist

wenn sie sehen könnte
welche schönheit
deine hand in mir zeichnet

wenn sie sehen könnte
wie einmalig
und atemberaubend das ist
was du in mir schaffst

Liebe ist wie ein süßes Erwachen am Morgen.

KÖSTLICHKEITEN

hast du
für mich bereit

ich muss diesen schatz
nur aufschließen

der schlüssel dazu
ist die liebe

diese art köstlichkeiten
bekommt man
ohne dafür zu bezahlen

wenn man liebe
vorweisen kann

„Liebe ist wie schöne Augen, die alle Juwelen aus meinem Tresor rauben."

aus Giacomo Pucchinis Oper „La Bohème"

ZUM DESSERT

bittest du mich

viel liebe
hast du dafür
verwendet

die besten
und erlesensten
zutaten
für mich ausgewählt

du verwöhnst mich
auf das wunderbarste

Liebe ist der Glanz in deinen Augen.

DU

ich habe erkannt

dass du
mein glück bist

du bist
alles für mich

Liebe ist der Lockruf des Herzens.

NIEMALS

keine zeit
niemals zeit für jemanden
keine zeit
einander nahe zu kommen
keine zeit
das leben des anderen
kennenzulernen

keine zeit dafür
um glücklich zu sein
alles auf später verschoben

schonungslos tue ich das
und nehme dabei
keine rücksicht auf mich

ich sollte mir zeit nehmen
ich sollte dich lieben

Liebe ist wie Tanz mit Gesang.

FREUDENTAUMEL

deine herzenswärme
dein sinn für humor

deine art mich zu berühren
deine weise mich zu küssen

versetzt mich
nahezu ohne unterbrechung
in einen freudentaumel

eine intensität der gefühle
die mich schwindelig macht

fast scheint es mir
einmalig zu sein
in diesem leben

Liebe ist eine tiefe Empfindung.

GLÜCKSELIGKEIT

empfinde ich
wenn du in
meiner nähe
bist

empfinde ich
weil ich dich liebe

Liebe ist wie ein Springbrunnen voll Gefühl.

ALLTAGSTAUGLICH

jeden tag
immer wieder

morgens
abends
in der nacht

fern oder nah
wo ich auch bin

ist deine liebe
mir nahe in meinem herzen

wo ich auch bin
weiß ich
dass du mich liebst

„Liebe überdauert den Winter."

aus Giacomo Pucchinis Oper „La Bohème"

ANGENOMMEN SEIN

nie mehr

wird mir das begegnen
was ich bei dir habe

werde ich ersteigen
gipfel des glücks
wie mit dir

werde ich albern sein können
wie bei dir

werde ich mich angenommen fühlen
wie du mich annimmst

nie mehr werde ich lieben
wie bei dir

„Liebe ist wie ein treuer Gefährte."

aus Giacomo Pucchinis Oper „La Bohème"

ZUFLUCHTSORT

bei dir
kann ich zuflucht
finden

bei dir
kann ich mich bergen
vor meiner angst

bei dir
kann mein herz
zur ruhe kommen

bei dir
kann ich zutiefst
geborgen sein

denn du liebst mich

Liebe verursacht Herzklopfen.

TOBSUCHT

tobsüchtig könnte ich
werden

tobsüchtig vor liebe

toben durch
dein leben

gewohntes
durcheinander wirbeln

spuren hinterlassen

mich nicht
zufriedengeben

nie genug bekommen
von dir

Liebe ist wie eine sanfte Berührung.

FEENTANZ

zart und fein
beachte mich

zart und fein
schau nicht an mir vorbei

zart und fein
möchte ich deine seele berühren

zart und fein
will ich dich umgeben

zart und fein
will ich dich lieben

Inhalt

Vögelgleich..........7
Liebestrank..........9
Trotzkopf..........11
Wegbegleiterin..........13
Lichtgestalt..........15
Himmelsglanz..........17
Panikattacke..........19
Melodienschmeichler..........21
Erneuerung..........23
Unvergänglich..........25
Schlafstörung..........27
Unschuldig..........29
Lebensduft..........31
Fassadenkletterer..........33
Märchenstunde..........35
Eiszeitende..........37
Einzigartig..........39
Wohlgefühl..........41
Kostümball..........43
Traumtänzerin..........45
Himmelsstürmer..........47
Unendlichkeit..........49
Sammelleidenschaft..........51
Liebeszauberin..........53
Lieblingsstück..........55
Dämmerschoppen..........57
Briefmarkensammler..........59
Regenbogenschau..........61
Rehlein..........63
Jenseits..........65
Gedankenfreiheit..........67
Heimatsuchende..........69
Gipfelstürmer..........71
Wegweiser..........73

Du genügst mir..........75
Jungbrunnen..........77
Sternenhimmel..........79
Brauchtum..........81
Seelenbaumelei..........83
Zweifellos..........85
Eins sein..........87
Völlig..........89
Abgehoben..........91
Schönheit..........93
Grenzgänger..........95
Herzenskind..........97
VIP..........99
Fundsache..........101
Ohne Risiko..........103
Glück..........105
Zeitmesser..........107
Zärtlich..........109
Erleuchtung..........111
Statussymbole..........113
Honigseim..........115
Stardesigner..........117
Köstlichkeiten..........119
Zum Dessert..........121
Du..........123
Niemals..........125
Freudentaumel..........127
Glückseligkeit..........129
Alltagstauglich..........131
Angenommen sein..........133
Zufluchtsort..........135
Tobsucht..........137
Feentanz..........139

Monika Endres lebt auf ihrem Bauernhof in Hallershof, einem kleinen, idyllischen Ort in der Nähe von Nürnberg.

In ihrer Freizeit beschäftigt sie sich mit ihren Tieren, melkt Kühe und tränkt Kälbchen. Sie ist sehr naturverbunden.

Die Leidenschaft zu schreiben traf Monika Endres wie ein Blitz aus heiterem Himmel.